Christmas Magic: Bilingual Italian-English Tales for Young Language Explorers

Coledown Bilingual Books

Published by Coledown Bilingual Books, 2023.

While every precaution has been taken in the preparation of this book, the publisher assumes no responsibility for errors or omissions, or for damages resulting from the use of the information contained herein.

CHRISTMAS MAGIC: BILINGUAL ITALIAN-ENGLISH TALES FOR YOUNG LANGUAGE EXPLORERS

First edition. November 2, 2023.

ISBN: 979-8223784548

Written by Coledown Bilingual Books.

Table of Contents

La Magica Avventura di Natale

Un giorno, in un incantevole villaggio coperto di neve, c'era un piccolo fiocco di neve di nome Fiocco. Fiocco era un fiocco di neve molto speciale perché aveva una brillantezza scintillante e un sorriso radiante che faceva felici tutti quelli che lo incontravano.

Il Natale si avvicinava e Fiocco era pieno di eccitazione. Era la sua stagione preferita dell'anno, quando tutti gli abitanti del villaggio si riunivano per festeggiare. Ma c'era un problema: Fiocco non sapeva quale regalo avrebbe potuto fare per i suoi amici. Decise di andare a cercare aiuto da nonna Alberello, l'albero di Natale più antico e saggio del villaggio.

Nonna Alberello lo accolse con un sorriso gentile e disse: "Caro Fiocco, il dono più speciale che puoi fare è condividere la gioia del Natale con gli altri. Non devi cercare un regalo costoso, ma puoi condividere la tua gentilezza e il tuo amore."

Fiocco ascoltò con attenzione e decise di fare proprio questo. Decise di organizzare una piccola festa di Natale per tutti i suoi amici nel villaggio. Preparò dei biscotti al cioccolato, decorò l'albero con luci scintillanti e cantò canzoni natalizie con tutti i suoi amici.

Mentre la festa andava avanti, Fiocco vide i volti felici dei suoi amici e seppe che aveva fatto il miglior regalo di Natale di tutti: aveva condiviso la gioia del Natale con gli altri.

Il Natale venne e andò, ma Fiocco sapeva che la vera magia del Natale era nell'amore e nella gentilezza che condividevamo con gli altri. E da allora in poi, ogni Natale, Fiocco condivideva la sua luce scintillante e il suo sorriso radiante con tutti, rendendo il villaggio ancora più speciale.

The Magical Christmas Adventure

One day, in a charming snow-covered village, there was a little snowflake named Fiocco. Fiocco was a very special snowflake because he had a sparkling brightness and a radiant smile that made everyone who met him happy.

Christmas was approaching, and Fiocco was full of excitement. It was his favorite time of the year, when all the village's inhabitants gathered to celebrate. But there was a problem: Fiocco didn't know what gift he could give to his friends. He decided to seek help from Grandma Tree, the oldest and wisest Christmas tree in the village.

Grandma Tree welcomed him with a kind smile and said, "Dear Fiocco, the most special gift you can give is to share the joy of Christmas with others. You don't need to look for an expensive gift, but you can share your kindness and love."

Fiocco listened carefully and decided to do just that. He decided to host a small Christmas party for all his friends in the village. He baked chocolate chip cookies, decorated the tree with twinkling lights, and sang Christmas songs with all his friends.

As the party went on, Fiocco saw the happy faces of his friends and knew he had given the best Christmas gift of all: he had shared the joy of Christmas with others.

Christmas came and went, but Fiocco knew that the true magic of Christmas was in the love and kindness we shared with others.

And from then on, every Christmas, Fiocco shared his sparkling light and radiant smile with everyone, making the village even more special.

L'avventura natalizia di Stella

Un giorno, in una piccola foresta innevata, c'era un orsetto di nome Stella. Stella era un orsetto curioso e sempre pieno di gioia, ma c'era qualcosa di speciale che adorava più di ogni altra cosa, ed era il Natale.

Ogni anno, Stella aspettava con impazienza l'arrivo del Natale. Adorava le luci scintillanti, gli alberi addobbati e il profumo di biscotti appena sfornati. Ma ciò che amava di più erano le storie di Babbo Natale. Stella credeva fermamente che Babbo Natale fosse il portatore di magia e felicità.

Un giorno, mentre esplorava la foresta innevata, Stella si imbatté in un vecchio albero di Natale. L'albero sembrava triste e solo, senza decorazioni o luci. Stella decise che voleva aiutare l'albero a ritrovare la sua gioia.

Così, con l'aiuto dei suoi amici animali, Stella iniziò a decorare l'albero con luci scintillanti, palle colorate e campanellini tintinnanti. L'albero cominciò a risplendere e a sembrare più felice che mai. Stella e i suoi amici cantarono canzoni natalizie intorno all'albero e raccontarono storie di Babbo Natale.

Mentre erano impegnati nelle decorazioni, Stella sentì un leggero movimento sopra di loro. Guardando in alto, vide Babbo Natale in persona, che sorrideva calorosamente. Babbo Natale disse: "Stella, hai riportato la gioia a questo vecchio albero e hai dimostrato quanto sia importante condividere la felicità con gli altri."

Stella era così felice di vedere Babbo Natale che gli chiese se poteva far parte della sua squadra di aiutanti per la notte di Natale. Babbo Natale accettò con gioia e Stella e i suoi amici trascorsero una notte magica aiutando Babbo Natale a consegnare i regali in tutto il mondo.

Quella notte, Stella capì che il Natale non riguardava solo i regali e le luci, ma soprattutto la condivisione della gioia e dell'amore con gli altri. E da allora in poi, Stella fu conosciuto come l'orsetto più felice della foresta e ogni anno portava gioia e felicità a tutti i suoi amici.

E così, l'avventura natalizia di Stella, l'orsetto curioso, divenne una storia da raccontare ai bambini ogni Natale, per insegnare loro il vero significato di questa meravigliosa festa.

Stella's Christmas Adventure

One day, in a snowy little forest, there was a bear named Stella. Stella was a curious bear, always full of joy, but there was something special she loved more than anything else, and that was Christmas.

Every year, Stella eagerly awaited the arrival of Christmas. She loved the twinkling lights, the decorated trees, and the scent of freshly baked cookies. But what she loved most were the stories of Santa Claus. Stella firmly believed that Santa Claus was the bringer of magic and happiness.

One day, while exploring the snowy forest, Stella came across an old Christmas tree. The tree looked sad and lonely, without any decorations or lights. Stella decided that she wanted to help the tree find its joy.

So, with the help of her animal friends, Stella began to decorate the tree with sparkling lights, colorful ornaments, and jingling bells. The tree started to shine and looked happier than ever. Stella and her friends sang Christmas songs around the tree and shared stories of Santa Claus.

While they were busy with the decorations, Stella felt a slight movement above them. Looking up, she saw Santa Claus himself, smiling warmly. Santa Claus said, "Stella, you have brought joy back to this old tree and shown how important it is to share happiness with others."

Stella was so happy to see Santa Claus that she asked if she could be a part of his team of helpers for Christmas night. Santa Claus gladly accepted, and Stella and her friends spent a magical night helping Santa Claus deliver gifts all around the world.

That night, Stella understood that Christmas was not just about gifts and lights but, most importantly, about sharing joy and love with others. From then on, Stella became known as the happiest bear in the forest and brought joy and happiness to all her friends every year.

And so, the Christmas adventure of Stella, the curious little bear, became a story to tell children every Christmas, to teach them the true meaning of this wonderful holiday.

La Piccola Renna Rossa

C'era una volta una piccola renna di nome Rossa che viveva al Polo Nord con sua madre, suo padre e tante altre renne. Rossa era diversa dalle altre renne, aveva un folto mantello rosso brillante e occhi scintillanti. Non assomigliava alle renne comuni e questo la faceva sentire un po' triste.

Mentre si avvicinava il periodo di Natale, tutte le renne si preparavano per aiutare Babbo Natale a trainare la sua slitta magica per consegnare i regali. Rossa guardava le altre renne mentre si allenavano e si sentiva un po' fuori posto. Aveva paura che Babbo Natale non la volesse nella sua squadra a causa del suo aspetto diverso.

Un giorno, Rossa decise di parlare con sua madre su come si sentiva. Sua madre la ascoltò con gentilezza e le disse: "Cara Rossa, sei speciale proprio come sei. La diversità è una cosa meravigliosa e può portare gioia e magia al mondo. Non preoccuparti, Babbo Natale apprezzerà la tua diversità."

Con un cuore più leggero, Rossa continuò ad allenarsi e si preparò per il grande giorno di Natale. Quando finalmente arrivò il momento, tutte le renne si radunarono e Babbo Natale si avvicinò a loro. Le altre renne iniziarono a tirare la slitta, ma Babbo Natale si fermò di fronte a Rossa.

Babbo Natale sorrise a Rossa e disse: "Cara Rossa, ho bisogno della tua aiuta quest'anno. La tua diversità è un dono speciale, e voglio che tu guidi la mia slitta con il tuo splendido mantello rosso."

Rossa era così felice e si sentì accolta e apprezzata. Con il suo mantello rosso brillante, guidò la slitta attraverso il cielo notturno, portando gioia e felicità a tutti i bambini del mondo. La sua diversità si trasformò in un simbolo di magia e amore.

Da quel giorno in poi, Rossa diventò la renna preferita di Babbo Natale, e ogni anno era lei a guidare la slitta di Babbo Natale. La sua diversità era un ricordo speciale del vero spirito del Natale, che celebra l'amore e l'accettazione di chiunque, indipendentemente da come sia diverso.

The Little Red Reindeer

Once upon a time, there was a little reindeer named Rossa who lived at the North Pole with her mother, father, and many other reindeer. Rossa was different from the other reindeer; she had a thick, bright red coat and sparkling eyes. She didn't look like the common reindeer, and this made her feel a little sad.

As Christmas approached, all the reindeer were getting ready to help Santa Claus pull his magical sleigh to deliver presents. Rossa watched the other reindeer as they trained and felt a bit out of place. She was afraid that Santa Claus wouldn't want her on his team because of her different appearance.

One day, Rossa decided to talk to her mother about how she felt. Her mother listened to her with kindness and said, "Dear Rossa, you are special just the way you are. Diversity is a wonderful thing and can bring joy and magic to the world. Don't worry; Santa Claus will appreciate your uniqueness."

With a lighter heart, Rossa continued to train and prepared for the big Christmas day. When the day finally arrived, all the reindeer gathered, and Santa Claus approached them. The other reindeer started pulling the sleigh, but Santa Claus stopped in front of Rossa.

Santa Claus smiled at Rossa and said, "Dear Rossa, I need your help this year. Your diversity is a special gift, and I want you to lead my sleigh with your beautiful red coat."

Rossa was so happy and felt welcomed and appreciated. With her brilliant red coat, she led the sleigh through the nighttime sky, bringing joy and happiness to all the children around the world. Her diversity turned into a symbol of magic and love.

From that day on, Rossa became Santa Claus's favorite reindeer, and every year, she led Santa Claus's sleigh. Her diversity was a special reminder of the true spirit of Christmas, which celebrates love and acceptance of everyone, no matter how different they may be.

Il Piccolo Alberello di Natale

C'era una volta un piccolo alberello di Natale di nome Albertino. Albertino era l'alberello più piccolo nella foresta delle pinete natalizie, ma aveva un grande sogno nel suo cuore. Sognava di diventare l'albero di Natale perfetto e di portare la gioia del Natale in una casa speciale.

Ogni anno, durante la stagione natalizia, le famiglie venivano a cercare l'albero di Natale perfetto da portare a casa con loro. Le altre pinete erano più alte e più folte, mentre Albertino era piccolo e un po' gracile. Sentiva di non essere abbastanza buono per essere scelto.

Un giorno, mentre guardava le altre pinete essere scelte una dopo l'altra, Albertino si sentì triste. Decise di chiedere aiuto a un gentile vecchio gufo della foresta, il Signor Gufo Saggio. Il gufo lo ascoltò con attenzione e gli disse: "Caro Albertino, la dimensione non è ciò che rende un albero di Natale speciale. È il tuo cuore e il desiderio di portare gioia che contano."

Inspirato dalle parole del Signor Gufo Saggio, Albertino decise di dare il massimo per diventare l'albero di Natale perfetto. Cominciò ad allenarsi, a crescere con amore e ad apprendere tutto ciò che poteva sulla magia del Natale.

Il tempo passò e alla fine giunse la vigilia di Natale. Albertino si sentiva pronto e pieno di speranza. Era stato abbellito con luci scintillanti e palline colorate, e il suo cuore batteva forte nell'attesa. Ma nessuno venne a sceglierlo.

All'improvviso, sentì dei passi leggeri avvicinarsi. Era un bambino con gli occhi scintillanti e un sorriso luminoso. Il bambino guardò Albertino e disse: "Sei l'albero di Natale perfetto per la nostra casa. Sei piccolo ma pieno di amore e speranza."

Albertino si riempì di gioia e si sentì finalmente realizzato. Il suo sogno si era avverato. Venne portato a casa dal bambino e la sua famiglia, dove fu adornato con ancora più amore e diventò il simbolo della magia del Natale.

The Little Christmas Tree

Once upon a time, there was a little Christmas tree named Albertino. Albertino was the smallest tree in the Christmas pine forest, but he had a big dream in his heart. He dreamt of becoming the perfect Christmas tree and bringing the joy of Christmas to a special home.

Every year, during the holiday season, families came to search for the perfect Christmas tree to take home with them. The other pines were taller and bushier, while Albertino was small and a bit frail. He felt he wasn't good enough to be chosen.

One day, as he watched the other pines being selected one by one, Albertino felt sad. He decided to seek help from a kind old owl in the forest, Mr. Wise Owl. The owl listened carefully and told him, "Dear Albertino, size is not what makes a Christmas tree special. It's your heart and the desire to bring joy that truly matter."

Inspired by Mr. Wise Owl's words, Albertino decided to give his best to become the perfect Christmas tree. He started training, growing with love, and learning everything he could about the magic of Christmas.

Time passed, and Christmas Eve finally arrived. Albertino felt ready and full of hope. He had been adorned with twinkling lights and colorful ornaments, and his heart beat fast with anticipation. But no one came to choose him.

Suddenly, he heard light footsteps approaching. It was a child with sparkling eyes and a bright smile. The child looked at Albertino and said, "You are the perfect Christmas tree for our home. You may be small, but you are full of love and hope."

Albertino was filled with joy and finally felt fulfilled. His dream had come true. He was taken home by the child and the family, where he was adorned with even more love and became the symbol of Christmas magic.

La Magia della Stella Cadente

C'era una volta, in una notte fredda di dicembre, un gruppo di amici formato da Tommaso, Martina, Sofia, e il loro cagnolino Birillo. Vivevano in un piccolo villaggio circondato da alberi coperti di neve. Erano molto eccitati perché il Natale si avvicinava.

Una sera, mentre erano nel cortile a guardare le stelle, videro una stella cadente brillare nel cielo. Era una stella cadente molto speciale, diversa da tutte le altre, e sembrava avvicinarsi alla Terra.

I bambini decisero di fare un desiderio. Tommaso desiderò una slitta piena di regali, Martina desiderò una nevicata magica, Sofia desiderò una cena speciale di Natale e Birillo desiderò un osso gigante.

Subito dopo aver fatto i loro desideri, videro la stella cadente atterrare nel loro cortile. Erano stupiti! Corsero a vedere cosa fosse successo e, nel punto in cui era atterrata la stella, trovarono una scintillante palla di Natale dorata.

La palla di Natale iniziò a brillare e a emettere una musica dolce. Era magica! Cominciò a raccontare loro una storia incredibile di un piccolo elfo di nome Alfonso che era stato separato dalla sua famiglia durante una tempesta di neve.

I bambini e Birillo decisero di aiutare Alfonso a tornare dalla sua famiglia a Nord, dove vivevano gli elfi. Prepararono una piccola slitta, raccolsero dei regali e si incamminarono verso il Polo Nord.

Durante il loro viaggio, affrontarono molte avventure e incontrarono renne e folletti amichevoli. Alla fine, arrivarono al villaggio degli elfi e riunirono Alfonso con la sua famiglia.

Gli elfi erano così grati che decisero di aiutare i bambini a realizzare i loro desideri. Tommaso ebbe una slitta piena di regali, Martina ebbe una nevicata magica, Sofia ebbe una cena speciale di Natale e Birillo ebbe il suo osso gigante.

Tornarono a casa felici e ringraziarono la stella cadente per la magica avventura. Scoprirono che il Natale non riguardava solo i regali, ma anche l'amore, l'amicizia e l'aiuto reciproco.

The Magic of the Falling Star

Once upon a time, on a cold December night, there were a group of friends - Tommaso, Martina, Sofia, and their little dog Birillo. They lived in a small village surrounded by snow-covered trees. They were very excited because Christmas was approaching.

One evening, as they were in the backyard looking at the stars, they saw a shooting star shining in the sky. It was a very special shooting star, different from all the others, and it seemed to be getting closer to Earth.

The children decided to make a wish. Tommaso wished for a sleigh full of presents, Martina wished for a magical snowfall, Sofia wished for a special Christmas dinner, and Birillo wished for a giant bone.

Right after making their wishes, they saw the shooting star land in their backyard. They were amazed! They rushed to see what had happened, and at the spot where the star had landed, they found a sparkling golden Christmas ornament.

The Christmas ornament started to glow and emit sweet music. It was magical! It began to tell them an incredible story about a little elf named Alfonso who had been separated from his family during a snowstorm.

The children and Birillo decided to help Alfonso return to his family up North, where the elves lived. They prepared a small sleigh, gathered some gifts, and set off for the North Pole.

During their journey, they faced many adventures and met friendly reindeer and elves. In the end, they arrived at the elves' village and reunited Alfonso with his family.

The elves were so grateful that they decided to help the children fulfill their wishes. Tommaso got a sleigh full of presents, Martina got a magical snowfall, Sofia got a special Christmas dinner, and Birillo got his giant bone.

They returned home happy and thanked the shooting star for the magical adventure. They discovered that Christmas was not just about presents but also about love, friendship, and helping each other.

La Magia del Piccolo Orsetto Polare

C'era una volta, in una fredda e splendida terra di ghiaccio e neve, un piccolo orsetto polare di nome Paolo. Paolo era diverso dagli altri orsetti polari; il suo pelo era di un bianco lucente, come la neve fresca, ma aveva una macchia marrone sul muso. Questa piccola macchia lo faceva sentire un po' diverso dagli altri cuccioli.

Mentre si avvicinava il periodo di Natale, Paolo e gli altri orsetti polari si preparavano per la grande festa polare. C'era un'enorme albero di Natale decorato con luci scintillanti e palline colorate, e tutti i cuccioli erano eccitati all'idea di ricevere regali da Babbo Natale.

Ma Paolo aveva un desiderio diverso. Desiderava vedere la magia del Natale al di là delle colline di neve e dei ghiaccioli. Voleva capire come Babbo Natale portasse gioia in tutto il mondo in una sola notte.

Un giorno, mentre si trovava a giocare nella neve, Paolo scoprì un piccolo orso di pezza abbandonato. L'orso di pezza sembrava triste e solo. Paolo lo prese e lo abbracciò con affetto. Mentre lo faceva, qualcosa di straordinario accadde: l'orso di pezza iniziò a brillare e prese vita.

L'orso di pezza si presentò come Albi, un elfo del Polo Nord. Albi era stato inviato da Babbo Natale per aiutare Paolo a realizzare il suo desiderio. Insieme, Paolo e Albi cominciarono un'avventura magica attraverso la terra di ghiaccio e neve.

Insieme visitarono il villaggio degli elfi, dove gli elfi stavano preparando regali e dolcetti per il grande giorno di Natale. Paolo aiutò a confezionare i regali e imparò l'importanza di diffondere gioia e felicità.

Quella notte, Paolo e Albi si arrampicarono sulla slitta di Babbo Natale e viaggiarono attraverso il cielo stellato. Aiutarono Babbo Natale a distribuire i regali in tutto il mondo. Paolo vide la gioia negli occhi dei bambini e capì il vero significato del Natale.

All'alba, Paolo tornò al Polo Nord, portando con sé la magia del Natale nel suo cuore. Lì, condividerà la sua avventura con gli altri cuccioli orsetti polari e insegnerà loro che il Natale è una festa di amore, gentilezza e gioia.

The Magic of the Little Polar Bear

Once upon a time, in a cold and beautiful land of ice and snow, there was a little polar bear named Paolo. Paolo was different from the other polar bears; his fur was a gleaming white, like fresh snow, but he had a small brown spot on his muzzle. This little spot made him feel a bit different from the other cubs.

As Christmas approached, Paolo and the other polar bears were getting ready for the grand polar celebration. There was a huge Christmas tree decorated with twinkling lights and colorful baubles, and all the cubs were excited about receiving gifts from Santa Claus.

But Paolo had a different wish. He wished to see the magic of Christmas beyond the snow-covered hills and ice floes. He wanted to understand how Santa Claus brought joy to the entire world in a single night.

One day, while playing in the snow, Paolo found an abandoned stuffed bear. The stuffed bear looked sad and lonely. Paolo picked it up and hugged it with affection. As he did so, something extraordinary happened: the stuffed bear started to glow and came to life.

The stuffed bear introduced itself as Albi, an elf from the North Pole. Albi had been sent by Santa Claus to help Paolo fulfill his wish. Together, Paolo and Albi embarked on a magical adventure through the land of ice and snow.

Together, they visited the elf village, where the elves were busy preparing gifts and treats for the big Christmas day. Paolo helped wrap gifts and learned the importance of spreading joy and happiness.

That night, Paolo and Albi climbed onto Santa Claus's sleigh and traveled through the starry sky. They helped Santa Claus deliver gifts all around the world. Paolo saw the joy in the children's eyes and understood the true meaning of Christmas.

At dawn, Paolo returned to the North Pole, carrying the magic of Christmas in his heart. There, he shared his adventure with the other young polar bear cubs and taught them that Christmas is a celebration of love, kindness, and joy.

L'Orsetto Natale

C'era una volta, in una piccola casetta nel cuore della foresta, un orsetto di pezza chiamato Oscar. Oscar era un orsetto affettuoso con un cuore generoso. Amava il Natale più di qualsiasi altra cosa al mondo, e la sua festività preferita era la vigilia di Natale.

Ogni anno, la notte prima di Natale, Oscar aspettava con ansia l'arrivo di Babbo Natale. Guardava fuori dalla finestra con occhi scintillanti, sperando di vedere la slitta di Babbo Natale illuminare il cielo notturno. Ma non aveva mai visto Babbo Natale in azione.

Una sera, mentre era seduto sul tavolo della cucina, Oscar sentì un rumore provenire dalla dispensa. Decise di esplorare e, per sua sorpresa, trovò Babbo Natale in persona, bloccato tra i barattoli di marmellata!

Babbo Natale spiegò che era rimasto bloccato mentre cercava biscotti e latte nella dispensa di Oscar. Senza esitazione, Oscar lo aiutò a liberarsi. Babbo Natale era molto grato e disse a Oscar che avrebbe realizzato un suo desiderio in cambio.

Oscar, con occhi pieni di emozione, chiese un solo desiderio: voleva vedere Babbo Natale in azione quella notte. Babbo Natale acconsentì e disse a Oscar di prepararsi per un'avventura indimenticabile.

Babbo Natale e Oscar salirono sulla slitta e cominciarono il loro viaggio magico. Attraversarono i cieli stellati, visitando case da ogni parte del mondo e consegnando regali ai bambini buoni. Oscar aiutò Babbo Natale a fare regali e a diffondere gioia.

La notte volò via e, prima che Oscar se ne rendesse conto, si trovò di nuovo nella sua casetta nella foresta. Era stato testimone della magia del Natale e aveva aiutato Babbo Natale a realizzare i desideri dei bambini di tutto il mondo.

Babbo Natale, riconoscente per l'aiuto di Oscar, gli diede una stella scintillante dalla sua cintura, una stella che sarebbe rimasta sempre con Oscar come promemoria della notte magica.

Da quel momento in poi, ogni volta che Oscar guardava fuori dalla finestra la vigilia di Natale, sapeva che, anche se non vedeva la slitta di Babbo Natale, la magia del Natale era nel suo cuore e nella sua stella scintillante.

The Christmas Teddy Bear

Once upon a time, in a small cottage in the heart of the forest, there was a stuffed teddy bear named Oscar. Oscar was an affectionate teddy bear with a generous heart. He loved Christmas more than anything in the world, and his favorite holiday was Christmas Eve.

Every year, on Christmas Eve, Oscar eagerly awaited the arrival of Santa Claus. He would gaze out of the window with sparkling eyes, hoping to catch a glimpse of Santa's sleigh lighting up the night sky. But he had never seen Santa Claus in action.

One evening, while sitting on the kitchen table, Oscar heard a noise coming from the pantry. He decided to investigate, and to his surprise, he found Santa Claus himself stuck among the jam jars!

Santa Claus explained that he had gotten stuck while searching for cookies and milk in Oscar's pantry. Without hesitation, Oscar helped him free. Santa Claus was very grateful and told Oscar that he would grant him one wish in return.

With eyes full of excitement, Oscar made just one wish: he wanted to see Santa Claus in action that night. Santa Claus agreed and told Oscar to prepare for an unforgettable adventure.

Santa Claus and Oscar boarded the sleigh and began their magical journey. They soared through the starry skies, visiting homes from all around the world and delivering gifts to good children. Oscar helped Santa Claus with gift-giving and spreading joy.

The night flew by, and before Oscar knew it, he found himself back in his forest cottage. He had witnessed the magic of Christmas and had helped Santa Claus fulfill the wishes of children all over the world.

Santa Claus, grateful for Oscar's assistance, gave him a sparkling star from his belt, a star that would always remain with Oscar as a reminder of that magical night.

From that moment on, every time Oscar looked out of the window on Christmas Eve, he knew that even if he didn't see Santa's sleigh, the magic of Christmas was in his heart and in his sparkling star.

Il Mistero delle Luci Natalizie

C'era una volta, in un piccolo villaggio ai piedi di una maestosa montagna, un dolce orsetto di pezza chiamato Oliver. Oliver era noto in tutto il villaggio per il suo cuore generoso e il suo sorriso contagioso. Amava il periodo natalizio più di qualsiasi altra cosa al mondo, e la sua festa preferita era la notte di Natale.

Nel villaggio, ogni anno, i residenti decoravano le loro case con splendide luci natalizie, creando un incantevole spettacolo luminoso. Ma c'era un segreto che nessuno sembrava capire: le luci natalizie si accendevano magicamente ogni sera, ma nessuno sapeva come accadesse.

Un giorno, mentre passeggiava nel bosco innevato, Oliver scoprì una piccola scatola dorata sotto un albero di Natale. La scatola sembrava antica e misteriosa. Oliver la prese con sé e la portò a casa.

Mentre esaminava la scatola, scoprì una minuscola chiave d'oro attaccata al suo coperchio. Con grande curiosità, inserì la chiave nella serratura e la girò. La scatola si aprì rivelando una piccola lanterna magica.

Oliver uscì quella notte e, con la lanterna, seguì un percorso di lucciole che lo condusse alla cima della montagna. Lì, vide una meravigliosa cascata di stelle cadenti che sembrava toccare il cielo.

Le stelle cadenti iniziarono a danzare, creando uno spettacolo di luci scintillanti. Oliver si rese conto che queste stelle erano la fonte delle luci natalizie nel villaggio. Erano magiche e portavano la gioia del Natale a tutti.

Oliver decise di portare alcune di queste stelle magiche nel villaggio. Riempì la sua lanterna con le stelle cadenti e, mentre tornava a casa, si rese conto che la lanterna brillava sempre più intensamente, diffondendo calore e felicità ovunque passasse.

Quella notte, Oliver condivise le stelle magiche con gli abitanti del villaggio, spiegando loro il mistero delle luci natalizie. Tutti erano incantati e grati per il dono di Oliver.

Da allora in poi, ogni anno, Oliver e gli abitanti del villaggio salivano sulla montagna a raccogliere le stelle cadenti per decorare il villaggio con le luci natalizie più magiche che si potessero immaginare. E il villaggio divenne famoso in tutto il paese per la bellezza delle sue luci.

The Mystery of the Christmas Lights

Once upon a time, in a small village at the foot of a majestic mountain, there was a sweet teddy bear named Oliver. Oliver was known throughout the village for his generous heart and infectious smile. He loved the holiday season more than anything in the world, and his favorite celebration was Christmas Eve.

In the village, every year, the residents decorated their homes with beautiful Christmas lights, creating a charming display of lights. But there was a secret that no one seemed to understand: the Christmas lights would magically light up every evening, but no one knew how it happened.

One day, while strolling through the snowy forest, Oliver found a small golden box under a Christmas tree. The box looked old and mysterious. Oliver took it with him and brought it home.

As he examined the box, he discovered a tiny golden key attached to its lid. With great curiosity, he inserted the key into the lock and turned it. The box opened, revealing a small magical lantern.

Oliver went out that night, and with the lantern, he followed a path of fireflies that led him to the top of the mountain. There, he saw a wonderful waterfall of shooting stars that seemed to touch the sky.

The shooting stars began to dance, creating a spectacle of sparkling lights. Oliver realized that these shooting stars were the source of the Christmas lights in the village. They were magical and brought the joy of Christmas to everyone.

Oliver decided to bring some of these magical stars to the village. He filled his lantern with the shooting stars, and as he returned home, he noticed that the lantern was shining ever more brightly, spreading warmth and happiness wherever he went.

That night, Oliver shared the magical stars with the villagers, explaining to them the mystery of the Christmas lights. Everyone was enchanted and grateful for Oliver's gift.

From that point on, every year, Oliver and the villagers climbed the mountain to gather the shooting stars to decorate the village with the most magical Christmas lights one could imagine. And the village became famous throughout the country for the beauty of its lights.

La Magia del Natale

C'era una volta, in un piccolo villaggio circondato da montagne coperte di neve, una bambina di nome Sofia. Sofia aveva gli occhi scintillanti e il sorriso più luminoso del mondo. Era una piccola curiosa che amava esplorare e scoprire nuove cose.

Il periodo natalizio era il suo momento preferito dell'anno. Amava guardare le luci scintillanti, decorare l'albero di Natale e ascoltare storie sulla magia del Natale. Ma c'era una cosa che la affascinava particolarmente: la stella cometa.

La stella cometa era la più luminosa nel cielo notturno, e tutti dicevano che portasse fortuna e magia durante la stagione natalizia. Sofia voleva vedere la stella cometa da vicino, e un giorno decise di intraprendere un'avventura.

Un freddo pomeriggio, mentre camminava nella foresta innevata, Sofia scoprì un sentiero misterioso che la condusse fino a un vecchio albero di Natale abbandonato. L'albero sembrava triste e solo, ma la cosa più sorprendente era che aveva una stella cometa d'oro sulla cima.

Sofia decise di portare via l'albero di Natale e la stella cometa. Con l'aiuto dei suoi amici animali, creò un piccolo rifugio per l'albero nel suo cortile. Mise luci colorate e decorazioni speciali, e l'albero iniziò a brillare come mai prima d'ora.

Quella notte, mentre Sofia si addormentava sotto le coperte calde, sentì un suono magico provenire dal suo cortile. Si alzò dal letto e corse fuori. La stella cometa si era staccata dall'albero e fluttuava nell'aria, illuminando la notte.

La stella cometa le parlò e disse: "Sofia, hai dato nuova vita all'albero di Natale e gli hai restituito la sua gioia. Per questo, ti concedo un desiderio."

Sofia guardò la stella cometa e disse: "Desidero che tutti i bambini del mondo abbiano un Natale felice e pieno di amore."

La stella cometa sorrise e, con un bagliore magico, il suo desiderio si avverò. La notte di Natale, la magia si diffuse in tutto il mondo, e i bambini ebbero un Natale felice e caloroso.

Sofia capì che la magia del Natale non risiedeva solo nelle stelle o nei regali, ma nel desiderio di rendere il mondo un posto migliore e di condividere l'amore con gli altri.

The Magic of Christmas

Once upon a time, in a small village surrounded by snow-covered mountains, there lived a little girl named Sofia. Sofia had sparkling eyes and the brightest smile in the world. She was a curious little explorer who loved to discover new things.

The holiday season was her favorite time of the year. She loved to gaze at the twinkling lights, decorate the Christmas tree, and listen to stories about the magic of Christmas. But there was one thing that fascinated her the most: the comet star.

The comet star was the brightest in the night sky, and everyone said it brought luck and magic during the holiday season. Sofia wanted to see the comet star up close, and one day she decided to embark on an adventure.

One chilly afternoon, as she walked through the snowy forest, Sofia discovered a mysterious path that led her to an old abandoned Christmas tree. The tree looked sad and lonely, but the most surprising thing was that it had a golden comet star on top.

Sofia decided to take the Christmas tree and the comet star with her. With the help of her animal friends, she created a little shelter for the tree in her backyard. She added colorful lights and special decorations, and the tree started to shine brighter than ever.

That night, as Sofia fell asleep under her warm blankets, she heard a magical sound coming from her backyard. She got out of bed and ran outside. The comet star had detached from the tree and was floating in the air, illuminating the night.

The comet star spoke to her and said, "Sofia, you have given new life to the Christmas tree and restored its joy. For this, I grant you a wish."

Sofia looked at the comet star and said, "I wish for all the children in the world to have a happy and love-filled Christmas."

The comet star smiled, and with a magical glow, her wish came true. On Christmas night, magic spread all over the world, and children had a happy and warm Christmas.

Sofia understood that the magic of Christmas was not only in the stars or the gifts, but in the desire to make the world a better place and to share love with others.

La Magia delle Renne di Natale

C'era una volta un piccolo villaggio incantato, nascosto tra le montagne innevate, dove abitavano creature magiche con zampe zampettanti e corna scintillanti. Questo villaggio era il rifugio delle renne di Natale, e ognuna di esse aveva il suo nome e un compito speciale.

La renna più piccola e curiosa di tutte si chiamava Rosie. Rosie aveva un naso rosso brillante e occhi scintillanti. Era diversa dalle altre renne, ma era amata da tutti per il suo spirito vivace. Tuttavia, Rosie si sentiva un po' triste perché non aveva ancora scoperto quale fosse il suo compito speciale.

Mentre le altre renne si allenavano per trainare la slitta di Babbo Natale e volare attraverso il cielo stellato, Rosie guardava con ammirazione, desiderando di poter fare lo stesso. Ma sembrava che avesse bisogno di scoprire qualcosa di magico e unico in sé stessa.

Un freddo pomeriggio, mentre Rosie giocava nella neve, fece un incontro sorprendente. Trovò un piccolo uccellino ferito. Senza esitazione, lo prese tra le zampe e lo portò alla sua tana per prendersi cura di lui.

Nelle notti seguenti, mentre accudiva l'uccellino, Rosie scoprì di avere un dono speciale. Poteva cantare canzoni incantevoli che riempivano l'aria di gioia e felicità. Le altre renne la sentirono cantare e rimasero affascinate dalla sua voce magica.

Con il suo canto, Rosie portava la magia del Natale nel cuore di tutti, diffondendo amore, speranza e gioia. Scoprì che il suo compito speciale era proprio quello di riempire il mondo di magia attraverso la sua musica.

La notte di Natale, mentre le renne trainavano la slitta di Babbo Natale attraverso il cielo, Rosie cantò le canzoni più belle e incantevoli, portando felicità a ogni casa che visitarono. La sua voce risuonò in tutto il mondo, diffondendo la magia del Natale.

Rosie aveva finalmente scoperto il suo compito speciale, e ora sapeva che non c'era nulla di più magico che condividere amore e gioia con gli altri.

The Magic of Christmas Reindeer

Once upon a time, in an enchanted little village hidden amidst snow-covered mountains, lived magical creatures with nimble hooves and sparkling horns. This village was the haven of Christmas reindeer, and each of them had a name and a special task.

The smallest and most curious reindeer of all was named Rosie. Rosie had a bright red nose and sparkling eyes. She was different from the other reindeer, but she was loved by all for her lively spirit. However, Rosie felt a bit sad because she hadn't yet discovered her special task.

While the other reindeer trained to pull Santa's sleigh and fly through the starry sky, Rosie watched with admiration, wishing she could do the same. But it seemed she needed to discover something magical and unique within herself.

One chilly afternoon, as Rosie played in the snow, she made a surprising encounter. She found a little injured bird. Without hesitation, she cradled it in her hooves and took it to her den to care for it.

In the following nights, while taking care of the little bird, Rosie discovered she had a special gift. She could sing enchanting songs that filled the air with joy and happiness. The other reindeer heard her sing and were captivated by her magical voice.

With her singing, Rosie brought the magic of Christmas into everyone's hearts, spreading love, hope, and joy. She discovered that her special task was to fill the world with magic through her music.

On Christmas night, as the reindeer pulled Santa's sleigh through the starry sky, Rosie sang the most beautiful and enchanting songs, bringing happiness to every home they visited. Her voice echoed around the world, spreading the magic of Christmas.

Rosie had finally discovered her special task, and now she knew there was nothing more magical than sharing love and joy with others.

Il Mistero del Calzino di Natale

C'era una volta in un piccolo villaggio circondato da neve e alberi decorati, un bambino di nome Luca. Luca amava il Natale più di qualsiasi altra festa. Aspettava con ansia la notte di Natale, quando Babbo Natale avrebbe portato i regali.

Ma una cosa che ha sempre incuriosito Luca era il "Calzino di Natale". Ogni anno, la notte di Natale, appendevano un calzino accanto al camino, e la mattina seguente, lo trovavano pieno di piccoli regali e dolcetti. Luca si chiedeva come il calzino potesse riempirsi da solo.

Decise di scoprire il mistero del calzino di Natale. La vigilia di Natale, dopo che tutti andarono a letto, si nascose dietro il divano e aspettò. Ad un certo punto, sentì un piccolo rumore provenire dal camino.

Si affacciò con cautela e vide un elfo scendere dal camino con un sacchetto magico. L'elfo sembrava sorpreso nel vedere Luca, ma poi gli sorrise. Gli spiegò che era l'elfo del calzino di Natale, incaricato di riempire i calzini con regali e dolcetti.

Luca chiese se poteva aiutare l'elfo a preparare i regali. L'elfo acconsentì e insieme passarono tutta la notte a preparare i regali per i calzini di Natale. Era un compito magico e divertente.

La mattina di Natale, tutti trovarono i loro calzini pieni di sorprese. Luca era così felice di aver contribuito a creare la magia del calzino di Natale. Scoprì che il vero segreto era nell'aiutare gli altri e diffondere la gioia del Natale.

Da allora in poi, Luca continuò ad aiutare l'elfo del calzino di Natale ogni anno. E ogni Natale, il villaggio aveva i calzini di Natale più speciali e magici grazie al suo aiuto.

The Mystery of the Christmas Stocking

Once upon a time in a small village surrounded by snow and decorated trees, there was a boy named Luca. Luca loved Christmas more than any other holiday. He eagerly awaited Christmas Eve when Santa Claus would bring gifts.

But one thing that always intrigued Luca was the "Christmas Stocking." Every year on Christmas Eve, they would hang a stocking by the fireplace, and the next morning, they would find it filled with small gifts and candies. Luca wondered how the stocking could fill itself.

He decided to uncover the mystery of the Christmas stocking. On Christmas Eve, after everyone had gone to bed, he hid behind the sofa and waited. At a certain point, he heard a faint noise coming from the chimney.

He cautiously peeked out and saw an elf descending from the chimney with a magical sack. The elf seemed surprised to see Luca but then smiled at him. He explained that he was the Christmas Stocking Elf, responsible for filling the stockings with gifts and candies.

Luca asked if he could help the elf prepare the gifts. The elf agreed, and together they spent the entire night preparing gifts for the Christmas stockings. It was a magical and fun task.

On Christmas morning, everyone found their stockings filled with surprises. Luca was so happy to have contributed to creating the magic of the Christmas stocking. He learned that the real secret was in helping others and spreading the joy of Christmas.

From that point on, Luca continued to help the Christmas Stocking Elf every year. And every Christmas, the village had the most special and magical Christmas stockings thanks to his assistance.

La Piccola Renna Sognatrice

C'era una volta una piccola renna di nome Stella. Stella viveva nel magico Polo Nord, dove tutto era coperto di neve e l'aria profumava di dolci biscotti al burro d'arachidi e cioccolata calda. Stella era diversa dalle altre renne; aveva un sogno speciale.

Le altre renne sognavano di trainare la slitta di Babbo Natale, ma Stella aveva un sogno diverso. Voleva vedere da vicino le stelle che brillavano nel cielo durante il Natale. Aveva sentito dire che le stelle avevano il potere di esaudire i desideri e voleva fare un desiderio tutto suo.

Una notte, mentre guardava le stelle dal suo rifugio, Stella decise di fare il suo desiderio. Chiuse gli occhi, e con tutto il cuore, desiderò vedere una stella cadente. E proprio in quel momento, una stella cadente attraversò il cielo, lasciando una scia scintillante dietro di sé.

Stella era incantata. Aveva visto la stella cadente e sapeva che avrebbe potuto fare un desiderio. Così, con un sorriso luminoso, desiderò che tutti i bambini del mondo avessero un Natale felice e pieno d'amore.

La stella cadente brillò più intensamente e il suo desiderio si avverò. La notte di Natale, la magia si diffuse in tutto il mondo, e i bambini ebbero un Natale meraviglioso.

Stella capì che il suo sogno speciale era quello di portare gioia e amore nel cuore dei bambini attraverso le stelle. Ogni Natale, guardava il cielo stellato con un sorriso, sapendo che la magia del Natale era nelle sue zampe.

The Little Dreaming Reindeer

Once upon a time, there was a little reindeer named Stella. Stella lived in the magical North Pole, where everything was covered in snow and the air smelled of sweet peanut butter cookies and hot chocolate. Stella was different from the other reindeer; she had a special dream.

While the other reindeer dreamed of pulling Santa's sleigh, Stella had a different dream. She wanted to get up close to the stars that shone in the sky during Christmas. She had heard that the stars had the power to grant wishes, and she wanted to make a wish of her own.

One night, as she gazed at the stars from her shelter, Stella decided to make her wish. She closed her eyes and with all her heart, she wished to see a shooting star. And at that very moment, a shooting star streaked across the sky, leaving a sparkling trail behind.

Stella was enchanted. She had seen the shooting star and knew she could make a wish. So with a bright smile, she wished that all the children in the world would have a happy and love-filled Christmas.

The shooting star shone even brighter, and her wish came true. On Christmas night, magic spread all over the world, and children had a wonderful Christmas.

Stella understood that her special dream was to bring joy and love into the hearts of children through the stars. Every Christmas, she looked at the starry sky with a smile, knowing that the magic of Christmas was in her hooves.

Il Natale delle Luci Magiche

C'era una volta in un tranquillo villaggio, un bambino di nome Luca. Luca amava il Natale più di qualsiasi altra festa. Adorava l'atmosfera festosa, le decorazioni scintillanti e il calore della famiglia riunita.

Ma c'era una cosa che amava ancora di più: le luci di Natale. Ogni anno, il suo villaggio si copriva di luci scintillanti, creando uno spettacolo magico di colori e luci. Eppure, c'era una luce speciale che brillava più di tutte, quella dell'albero di Natale del villaggio.

Un freddo pomeriggio d'inverno, mentre Luca camminava nel bosco innevato, vide una piccola stella cadente. Fece un desiderio: voleva portare la luce delle stelle sull'albero di Natale del suo villaggio.

Quella notte, mentre dormiva nella sua accogliente camera, sentì un suono magico provenire dalla finestra. Aprì gli occhi e vide una luce scintillante davanti a lui. Era una piccola fata delle stelle.

La fata delle stelle gli disse: "Ho sentito il tuo desiderio, Luca. Ho portato la magia delle stelle per l'albero di Natale del tuo villaggio. Vieni con me."

Luca la seguì fuori, e insieme volarono attraverso il cielo stellato. Raccoglievano stelle scintillanti e le posizionavano sull'albero di Natale, trasformandolo in un'opera d'arte luminosa.

La mattina seguente, il villaggio si svegliò in un incantesimo. L'albero di Natale era illuminato da stelle scintillanti, e la luce magica si diffuse in tutto il villaggio, portando gioia a tutti.

Luca aveva realizzato il suo sogno di portare la magia delle stelle sull'albero di Natale del suo villaggio. Da quel giorno, ogni Natale, le stelle dell'albero di Luca brillavano più delle altre, ricordando a tutti che i desideri possono diventare realtà.

The Christmas of Magical Lights

Once upon a time in a peaceful village, there was a boy named Luca. Luca loved Christmas more than any other holiday. He adored the festive atmosphere, the sparkling decorations, and the warmth of family coming together.

But there was one thing he loved even more: Christmas lights. Every year, his village was adorned with sparkling lights, creating a magical spectacle of colors and brightness. Yet, there was a special light that shone brighter than all, that of the village's Christmas tree.

One cold winter afternoon, as Luca walked through the snowy forest, he saw a little shooting star. He made a wish: he wanted to bring the light of the stars to his village's Christmas tree.

That night, while sleeping in his cozy room, he heard a magical sound coming from the window. He opened his eyes and saw a sparkling light in front of him. It was a little star fairy.

The star fairy said, "I heard your wish, Luca. I have brought the magic of the stars to your village's Christmas tree. Come with me."

Luca followed her outside, and together they flew through the starry sky. They collected sparkling stars and placed them on the Christmas tree, turning it into a luminous work of art.

The next morning, the village awoke in a spell. The Christmas tree was adorned with sparkling stars, and the magical light spread throughout the village, bringing joy to everyone.

Luca had realized his dream of bringing the magic of stars to his village's Christmas tree. From that day on, every Christmas, Luca's tree stars shone brighter than the others, reminding everyone that dreams can make magic in every heart.

L'Orsetto Oliver e l'Incanto del Primo Natale

C'era una volta, in una piccola casa nel cuore di una splendida foresta, un dolce orsetto di nome Oliver. Oliver era un orsetto curioso, con morbido pelo marrone e occhi scintillanti. Viveva con la sua mamma orsa in una tana accogliente.

La stagione natalizia era alle porte, e la foresta era coperta di neve scintillante. Oliver non aveva mai visto il Natale prima d'ora, e la sua mamma gli aveva raccontato storie magiche su Babbo Natale e le renne volanti.

Un giorno, mentre esplorava la foresta innevata, Oliver vide un gruppo di uccellini che stavano cercando di costruire un nido. Avevano bisogno di aiuto, e Oliver si offrì volontario. Insieme, raccolsero piccole piume e rami per costruire un nido caldo e accogliente.

Gli uccellini erano così felici dell'aiuto di Oliver che gli fecero una promessa. Gli dissero che, la notte di Natale, gli avrebbero portato una sorpresa speciale come segno di gratitudine.

La notte di Natale, Oliver si addormentò nella sua tana, sognando di incontrare Babbo Natale e le renne. Ma fu svegliato da un canto dolce e melodioso. Gli uccellini erano tornati con i loro amici pennuti e avevano portato con sé un regalo speciale.

Gli uccellini intrecciarono fiori e rami in una corona natalizia per Oliver, e gli uccelli cantarono canzoni di gioia intorno a lui. Oliver era felice e commosso dal loro gesto d'amore.

Quella notte, Oliver scoprì che il Natale non si trattava solo di regali e decorazioni, ma di amore, amicizia e condivisione. Aveva vissuto il suo primo Natale magico grazie agli uccellini e ai loro amici pennuti.

Little Bear Oliver and the Enchantment of the First Christmas

Once upon a time, in a small house in the heart of a beautiful forest, lived a sweet bear named Oliver. Oliver was a curious bear, with soft brown fur and sparkling eyes. He lived with his mama bear in a cozy den.

The holiday season was approaching, and the forest was covered in sparkling snow. Oliver had never seen Christmas before, and his mama had told him magical stories about Santa Claus and flying reindeer.

One day, while exploring the snowy forest, Oliver saw a group of little birds trying to build a nest. They needed help, and Oliver volunteered. Together, they gathered small feathers and twigs to build a warm and cozy nest.

The birds were so happy with Oliver's help that they made him a promise. They told him that on Christmas Eve, they would bring him a special surprise as a token of their gratitude.

On Christmas Eve, Oliver fell asleep in his den, dreaming of meeting Santa Claus and the reindeer. But he was awakened by a sweet and melodious song. The birds had returned with their feathered friends and had brought a special gift.

The birds wove flowers and twigs into a Christmas wreath for Oliver, and the birds sang joyful songs around him. Oliver was filled with happiness and touched by their act of love.

That night, Oliver learned that Christmas was not just about gifts and decorations but about love, friendship, and helping others. He had experienced his first magical Christmas thanks to the birds and their feathered friends.